¿ Estás listo para iniciar esta aventura?

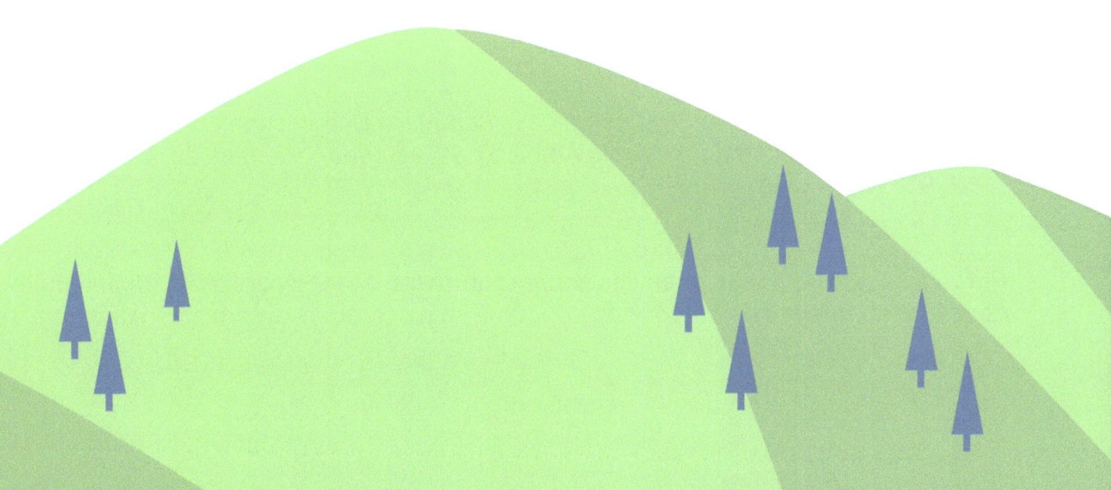

Este cuento está dedicado a todos los padres, tíos y abuelos que desarrollan en sus niños el compartir en familia y el amor por la naturaleza.

Teacher María Teresa Pérez

Editorial Teacher María Teresa Pérez
Escrito por María Teresa Pérez, 2019.
Ilustrado por Adrian Santana.
Revisado por el Ministerio de Turismo de la República Dominicana.
Revisado por el Ministerio de Medio Ambiente y Recursos Naturales de la República Dominicana.
ISBN: 9789945922851

ERNESTO VISITA
JARABACOA
Y DESCUBRE EL MUNDO DE LAS ABEJAS.

Teacher
María Teresa Pérez

Es un niño que nació en la isla de La Española, específicamente en la República Dominicana. Le encanta tener grandes aventuras conociendo su país, su cultura y el mundo entero. Su nombre es Ernesto.

Sentir el olor a tierra mojada, beber un jugo acabado de exprimir, seguir con su mirada el movimiento de los árboles y visitar el campo con su familia, es una de las cosas que Ernesto más disfruta.

Había llegado el verano y
Ernesto estaba de vacaciones.
Sus padres trabajaban mientras
él ya planificaba su nueva
aventura.

Ernesto y sus hermanos sólo escuchaban el ruido de los carros y el sonido de la ciudad.

—¿Qué haremos estas vacaciones?–se preguntaban una y otra vez.

Ernesto conversó con sus hermanos y decidieron llamar a sus amigos mágicos, quienes eran Sofía y Fabriccio.

Sofía hacía volar las cosas y Fabriccio construía todo lo que se imaginaba.

—¡Hola! ¡Hemos llegado con una gran sorpresa! Vinimos con un libro mágico que tiene historias sobre la República Dominicana-dijeron Sofía y Fabriccio.

—¡Waoo! ¡Eso es fabuloso! Vamos a leerlo y veamos que podemos encontrar sobre Jarabacoa-exclamaron Ernesto y sus hermanos.

Fue entonces cuando abrieron el libro y mientras pasaban sus hojas no dejaban de asombrarse por todas las aventuras que habían en él.

—¡Hola! Veo que ustedes quieren saber sobre el pueblo de Jarabacoa. Les daré permiso para que entren a mis páginas y conozcan sus fabulosas montañas–les comentó el libro.

Jarabacoa es un municipio de la República Dominicana y pertenece a la provincia de La Vega.

El nombre "Jarabacoa" se lo pusieron los Taínos, quiere decir "lugar de muchas aguas", por todos los ríos que tiene a su alrededor.

—¡Este libro habla! ¡Tendremos una gran aventura!-exclamaron todos.

De un salto, Ernesto, sus hermanos y sus amigos mágicos entraron en las páginas del cuento. Específicamente, en el pueblo de Jarabacoa.

Mientras volaban pudieron ver el Pico Duarte, el punto más alto del país y de las Antillas. Lleva su nombre en homenaje al patriota dominicano Juan Pablo Duarte.

Fabriccio construyó un avión muy veloz que los llevó hacia ese hermoso lugar.

—¡Shhhhhhhh!-sonaba el avión entre las hojas del libro.

De repente aterrizaron en Jarabacoa, un lugar repleto de montañas. Donde solo se escuchaba el viento y el cantar de las aves.

—Mooo bienvenidos a Jarabacoa–les dijo una vaca pinta que se les acercó.

—¡Hola! Me llamo Tobías. ¿Ustedes son nuevos por aquí? Un gusto conocerlos. ¿Quieren conocer mi casa? Me encantaría llevarlos a conocer Jarabacoa y jugar con ustedes-les dijo Tobías.

—¡Hola! Me llamo Ernesto, estos son mis hermanos y mis amigos mágicos-le comentó Ernesto lleno de emoción.

Ernesto, sus hermanos y sus amigos mágicos fueron a conocer la casa de Tobías, estaban repletos de emoción. No podían creer que estaban en Jarabacoa y que irían a conocer lugares hermosos.

—¡Hágale pasai y demole un chin de Arepa de maíz pa'que tengan fuerza pa caminá. ¡Aquí se come mucha arepa!-dijeron los padres de Tobías. Al terminar, empezaron su viaje por Jarabacoa.

Tobías pidió permiso a sus padres para jugar con sus nuevos amigos y luego los llevó a conocer los hermosos paisajes de Jarabacoa.

Las personas de Jarabacoa son muy amables.

Tobías les contó que en Jarabacoa se producen tomates, pimientos, zanahorias, pepinos, papa, lechuga, brócoli, hierbas aromáticas, fresas y muchas cosas más. Les dijo que sus padres le enseñaron a amar y cuidar la naturaleza, a trabajar la tierra, a ser honrado y a ser amable con los demás.

Mientras daban un paseo a caballo, Tobías decidió llevarlos a ver el festival de las flores que se realiza cada año en Jarabacoa.

Jarabacoa es un bosque húmedo subtropical, lo que hace más fácil que florezcan flores hermosas. Es el único pueblo con un festival de las flores.

Al terminar su paseo a caballo hicieron rafting en el río Jimenoa. Allí disfrutaron de una gran aventura en el agua. ¡Fue fabuloso!

—A este pueblo vienen muchas personas a hacer turismo de aventura. Se montan en fourwheel, hacen Zipline, se tiran de parapente, hacen excursiones y se divierten un montón–les dijo Tobías

Al final de su recorrido, llegaron a un lugar llamado LA CONFLUENCIA. En este lugar se juntan dos ríos; el río Jimenoa y el Yaque de Norte, por eso se llama La Confluencia.

Por Jarabacoa pasan tres importantes ríos: El Yaque del Norte, el Jimenoa y el Baiguate.

—¡Vamos a conocer a mis tíos Marisol y José! Ellos son apicultores y crían abejas. Las abejas están en peligro de extinción y ellos las cuidan bastante-les dijo Tobías.

21

—¡Hola a todos! Les explicaré que solo existe una abeja reina en cada colmena. Las abejas obreras son las que más trabajan. Se encargan de ir a las flores a extraer un dulce llamado néctar que se transforma en miel–les comentó Marisol.

—Y por último, están las abejas zánganos, que no trabajan; solamente comen y tienen hijas con la reina–les dijo José.

Las abejas están muriendo debido al cambio climático, la desforestación y los pesticidas.

—Muchos de los cultivos y muchas flores se reproducen gracias a nuestro trabajo y si dejamos de existir no habrá frutos para la humanidad–les dijo una abeja.

Ernesto, sus hermanos y sus amigos mágicos se dieron cuenta de que Jarabacoa era un pueblo especial de gente buena y honesta. Además, pudieron ver hermosas montañas y bellos paisajes.

Fue a eso de las 9 de la mañana, cuando Tobías los llevo en bicicleta y luego a caballo, a explorar los pueblos de la Ciénaga y Manabao. Fueron por caminos estrechos y llenos de curvas. Pudieron conocer los cafetales de Monte Alto y Café Managua, vieron vacas pastando, árboles de Mango y casitas de madera.

Mientras iban en la bicicleta pasaron por donde el señor Severino, quien les habló sobre la importancia de cuidar los árboles para tener agua y oxígeno.

—Ya estoy viejo y casi ciego pero ustedes pueden enseñarle a los dominicanos a cuidar su tierra y su país. Díganle que Jarabacoa es la capital de la tayota-les dijo.

No se olviden de pasar por La Tinaja a comer bizcocho de Zanahoria con dulce de leche-les dijo Severino con la cabeza erguida.

Tobías los llevo al centro del pueblo a conocer el mercado. Allí los agricultores llevan los plátanos, guineos, tomates, lechuga, piña, habichuelas y muchos otros.

—Compai cómprame algo. Tenemo habichuela a cinco pesos la libra-les dijo un vendedor.

—Si compramos aquí, estaremos ayudando al sustento de muchas familias-dijeron todos. Así que sin pensarlo, se llevaron algunas cosas para cocinar un rico mangú con cebollita.

Tobías no podía despedirlos sin antes llevarlos a conocer a doña Ivonne. Ella era una maestra retirada y ahora vendía los helados Ivon, los más famosos de Jarabacoa. Todo comenzó porque su hijo quería trabajar y producir unos pesitos. Se volvió un negocio tan grande que todo el mundo quiere "Helados Ivon".

¡Cuantas personas trabajadoras hay en este pueblo!-dijeron todos. Doña Ivonne era una señora que ya le habían caído los años y ahora tenía muchos pedidos.

Había llegado la hora de irse. Ernesto, sus hermanos y sus amigos mágicos estaban muy agradecidos con Tobías. Se despidieron y volvieron a casa. Ernesto le contó a sus padres sobre Jarabacoa y decidieron ir a conocer el pueblo.

Se enamoraron de sus bosques, sus ríos, y su gente. Compraron casas para vacacionar y ahora cada año toda la familia va a disfrutar del fabuloso pueblo de Jarabacoa.

¡LAS ABEJAS SE ESTÁN EXTINGUIENDO!

Sin abejas no hay cultivos
Sin abejas no hay flores
Sin abejas no hay polinización
Sin abejas no hay animales
Sin abejas no hay humanos

¿Qué puedes hacer para evitarlo?

1 Cultiva flores amigables con las abejas como lilas, lavanda, salvia, girasoles, orégano, romero, etc.

2 Asegúrate de comprar miel orgánica de apicultores que puedan certificar el cuidado a los insectos.

3 Prepárales un bebedero, imagina visitar como mínimo dos mil flores al día. Las abejas necesitan tomar agua frecuentemente.

4 Evita el uso de pesticidas a toda costa. De necesitarlo utiliza uno orgánico.

5 Enseña a los niños pequeños a respetarlas, el miedo hacia ellas es heredado.

26

Glosario

República Dominicana: País que ocupa la parte este de la isla "La Española".

Jarabacoa: Municipio de la República Dominicana, que está situado en la provincia de La Vega.

Abeja: Son insectos voladores que recolectan polen y néctar.

Peligro de Extinción: Algo que puede desaparecer.

Polinización: Es el proceso del paso del polen del estambre (lugar donde se genera) hasta el estigma (lugar donde se germina). El paso del polen al estigma permite la germinación, lo que da origen a nuevas semillas y frutos.

Familia: Conjunto de ascendientes, descendientes y demás personas relacionadas entre sí por parentesco de sangre o legal.

Río: Corriente natural de agua que fluye permanentemente y va a desembocar en otra, en un lago o en el mar.

La Confluencia: Es un destino turístico en Jarabacoa, provincia La Vega donde se unen los ríos Yaque del Norte y el Jimenoa.

Caballo: Mamífero équido, macho, de tamaño mediano o grande, pelo corto de color generalmente uniforme y orejas cortas; se domestica con facilidad y suele usarse para la monta; hay muchas especies diferentes.

María Teresa Pérez Pagán (Autora)

María Teresa Pérez siempre tuvo gran interés y fascinación por escribir cuentos. Dibujó y contó su primer cuento a los 3 años de edad. Desde pequeña, participó en muchos concursos literarios. Eligió la carrera de educación para crear entes de cambio repletos de oportunidades en la sociedad dominicana. Se graduó en el año 2008 de la Universidad Iberoamericana con el honor de Magna Cum Laude. Es maestra desde hace 22 años. Realizó una maestría en Liderazgo Educativo en Western Michigan University, entre otras maestrías en tecnología docente, diseño de proyectos, educación ambiental y turismo sostenible.

Fundó su empresa en el 2017 llamada Teacher María Teresa Pérez, creando la primera saga de cuentos sobre ecoturismo de República Dominicana y primer programa EcoEducativo y Ecoturístico realizado de esta forma en el país. Todos los cuentos son basados en hechos verídicos e investigación.

Eco Ernesto Visita es un proyecto de triple impacto social que trabaja la educación de calidad, el aporte a las comunidades, turismo sostenible, identidad nacional, cuidado del medio ambiente y la cultura. Hasta el momento ha vendido más de 35 mil cuentos e impactando a más de 120 mil familias dominicanas. Ha sido galardonado con premios nacionales e internacionales.

Todos sus cuentos son inspirados en su padre, el vicealmirante (R) Ernesto Pérez Navarro, en su perro Rocky, y en sus vivencias familiares.

Mapa de República Dominicana

Jarabacoa está a
1 horas y 45 minutos de Santo Domingo.

Encomienda tus obras al Señor, y tus propósitos se afianzarán.

(Proverbios 16,3)

Cuestionario

¿Cómo se llama la isla donde está la República Dominicana?

¿Que significa el nombre de Jarabacoa?

¿Porqué no debemos cortar los árboles?

¿Cuál es la capital de la Tayota?

¿Qué se celebra en Jarabacoa que no se celebra en ningún otro pueblo?

¿Porqué la señora Ivonne empezó a vender helados?

¿Cuáles son dos fincas de café que están en Jarabacoa?

¿Cuál es el pico más alto de las Antillas?

¿Porqué las abejas son importantes?

¿Cuál fue tu parte favorita de esta historia?